2024

Produtividade com Inteligência Artificial

I.A. Development

Marcos Paes Marques Junîor

MD DESENVOLVIMENTO DE SISTEMAS

V.20240600001

Sumário

A MD Sistemas e Soluções, formalmente conhecida como M.P. Desenvolvimento de Sistemas LTDA, é uma pioneira em fornecer soluções inovadoras de desenvolvimento de software e consultoria em tecnologia. Nosso compromisso é com a criação de soluções inteligentes e intuitivas, permitindo que nossos clientes maximizem seu potencial no mercado digital e tecnológico. Com foco em alta tecnologia, segurança, eficiência, e facilidade de uso, nossas soluções são projetadas para serem acessíveis a todos, independentemente de seu nível de especialização em computação.

Missão e Visão

Nossa missão é desenvolver soluções de software inovadoras, oferecendo aos nossos clientes experiências excepcionais com software e serviços de internet. Aspiramos a ser líderes globais no fornecimento de soluções de software de alta qualidade, descomplicando a tecnologia avançada para torná-la acessível a todos.

Análise de Mercado e Posicionamento

Operando em um mercado em constante evolução, a MD Sistemas e Soluções se destaca pela sua abordagem estratégica em soluções multicloud, atendendo à crescente demanda por flexibilidade, escalabilidade, e redução de custos. Nosso mercado-alvo é diversificado, englobando desde pequenas empresas até grandes corporações, além de indivíduos em busca de soluções personalizadas.

Diferenciais Competitivos

Inovação Multicloud: Lideramos em soluções multicloud, permitindo o uso eficiente de diferentes plataformas de nuvem.

Desenvolvimento de Software: Oferecemos experiência comprovada em desenvolver software de alta qualidade, assegurando a melhor experiência ao usuário.

Consultoria Estratégica: Aplicamos o framework COBTI para otimizar processos e operações, impulsionando eficiência e desempenho.

Transformação Digital: Somos parceiros na jornada de transformação digital, adotando as melhores práticas de gerenciamento de projetos e metodologias ágeis.

Segurança: Priorizamos a segurança dos dados de nossos clientes, com sistemas de criptografia avançados e monitoramento constante.

Estratégias de Marketing

Nosso plano de comunicação de marketing é focado em promover nossos serviços e construir uma imagem forte da marca. Isso inclui o uso estratégico de marketing digital, redes sociais, participação em eventos e webinars, e a publicação de estudos de caso que demonstram o impacto real dos nossos serviços.

CEO/CTO

Marcos Paes Marques Junior

Solutions Architect Cloud Native – CEO/CTO

https://www.linkedin.com/in/marcos-paes-marques-junior/
+55(14)99697-1616

marcos.paes@mdsistemasesolucoes.com.br

marcosdrjr@hotmail.com

Capítulo 1: Introdução à Inteligência Artificial e sua Aplicação em ChatGPT, codecat.ai e blackbox.ai

1.1 A Revolução da Inteligência Artificial

A inteligência artificial (IA) tem se destacado como uma das tecnologias mais transformadoras do século XXI. Sua capacidade de automatizar processos, analisar grandes volumes de dados e aprender com experiências prévias tem levado à criação de sistemas inteligentes que podem revolucionar diversas indústrias. Desde a saúde até a educação, passando pelo entretenimento e a segurança cibernética, a IA tem potencial para mudar a forma como vivemos e trabalhamos.

No cerne dessa revolução estão algoritmos sofisticados que podem executar tarefas complexas que anteriormente eram exclusivas dos seres humanos. A IA está se tornando onipresente, integrando-se a uma vasta gama de produtos e serviços. Empresas e pesquisadores estão explorando constantemente novas formas de aplicar a IA para resolver problemas antigos e emergentes, criando uma dinâmica de inovação contínua.

1.2 ChatGPT

O Que é o ChatGPT?

O ChatGPT, desenvolvido pela OpenAI, é um exemplo marcante de como a IA pode ser aplicada para gerar e compreender texto natural. Baseado na arquitetura GPT (Generative Pre-trained Transformer), o ChatGPT é treinado em uma vasta quantidade de dados textuais, o que lhe permite responder a uma ampla variedade de perguntas e participar de conversas em linguagem natural.

Como Funciona o ChatGPT?

O ChatGPT utiliza uma técnica chamada aprendizagem profunda, especificamente redes neurais transformadoras. Esse tipo de rede é particularmente eficaz em processar sequências de texto e gerar previsões baseadas em contextos anteriores. Durante o treinamento, o ChatGPT é exposto a bilhões de exemplos de texto, aprendendo padrões de linguagem, estruturas gramaticais e contextos semânticos.

Quando um usuário interage com o ChatGPT, ele fornece um prompt, que é um texto inicial que direciona a resposta do modelo. O ChatGPT então gera uma resposta baseada no conhecimento adquirido durante seu treinamento. Este processo permite que o ChatGPT produza respostas coerentes e contextualmente relevantes.

Aplicações do ChatGPT

O ChatGPT pode ser utilizado em diversas aplicações, incluindo:

- **Assistentes Virtuais:** Facilita a interação com os usuários, respondendo a perguntas e executando tarefas.

- **Chatbots de Atendimento ao Cliente:** Fornece suporte automatizado, reduzindo a carga de trabalho humano.
- **Ferramentas de Redação:** Auxilia na criação de conteúdos textuais, como artigos, roteiros e posts em redes sociais.

Benefícios do ChatGPT

A principal vantagem do ChatGPT é sua capacidade de compreender e gerar linguagem natural, permitindo uma interação mais fluida e humana com máquinas. Isso melhora a acessibilidade e a eficiência dos serviços automatizados, proporcionando uma experiência de usuário mais satisfatória.

1.3 codecat.ai
O Que é o codecat.ai?

O codecat.ai é uma plataforma inovadora que utiliza IA para apoiar o desenvolvimento de software. Sua principal função é fornecer sugestões de código, detectar erros e analisar tendências, ajudando os programadores a aumentar sua produtividade e a qualidade do código.

Como Funciona o codecat.ai?

A IA do codecat.ai é treinada em enormes volumes de código fonte de diferentes linguagens de programação. Utilizando técnicas de machine learning, a plataforma é capaz de reconhecer padrões comuns e melhores práticas em desenvolvimento de software. Quando um programador escreve código, o codecat.ai pode sugerir melhorias, identificar possíveis erros e oferecer soluções alternativas.

Aplicações do codecat.ai

- **Sugestões de Código:** Oferece recomendações para completar linhas de código ou corrigir trechos problemáticos.
- **Detecção de Erros:** Identifica bugs e potenciais vulnerabilidades no código, ajudando a evitar problemas futuros.
- **Análise de Tendências:** Fornece insights sobre o uso de diferentes tecnologias e práticas de programação.

Benefícios do codecat.ai

Ao integrar-se diretamente ao ambiente de desenvolvimento, o codecat.ai facilita o trabalho dos programadores, reduzindo o tempo gasto na detecção e correção de erros. Isso não só melhora a qualidade do código, mas também acelera o processo de desenvolvimento, permitindo que as equipes entreguem produtos mais rapidamente.

1.4 blackbox.ai
O Que é o blackbox.ai?

O blackbox.ai é um sistema avançado que utiliza IA para realizar testes de segurança cibernética em aplicações web e móveis. Seu principal objetivo é identificar vulnerabilidades e fornecer recomendações para mitigá-las, garantindo a segurança e integridade dos dados.

Como Funciona o blackbox.ai?

Utilizando algoritmos avançados de detecção de vulnerabilidades, o blackbox.ai analisa o código das aplicações em busca de falhas de segurança. O sistema emprega técnicas de fuzzing, análise estática e dinâmica, além de machine learning para identificar padrões que possam indicar potenciais riscos.

Aplicações do blackbox.ai

- **Teste de Segurança Automatizado:** Realiza análises de segurança de forma contínua, identificando vulnerabilidades em tempo real.
- **Recomendações de Mitigação:** Oferece soluções práticas para corrigir as falhas encontradas.
- **Monitoramento Proativo:** Mantém um vigilância constante sobre as aplicações, detectando novos riscos à medida que surgem.

Benefícios do blackbox.ai

A principal vantagem do blackbox.ai é a automação do processo de testes de segurança, que tradicionalmente requer muito tempo e esforço manual. Isso permite uma cobertura mais ampla e detalhada, aumentando a segurança das aplicações e reduzindo o risco de ataques cibernéticos.

1.5 Conclusão

A inteligência artificial está transformando a maneira como interagimos com a tecnologia, automatizando tarefas complexas e melhorando a eficiência de diversos processos. Ferramentas como ChatGPT, codecat.ai e blackbox.ai exemplificam o potencial da IA em diferentes domínios, desde a comunicação com usuários até o desenvolvimento e segurança de software.

A compreensão dessas tecnologias e suas aplicações é essencial para aproveitar plenamente seus benefícios. Ao aprender a criar prompts eficazes para essas plataformas, podemos maximizar sua utilidade e explorar novas possibilidades de inovação e eficiência. A revolução da IA está apenas começando, e sua capacidade de transformar nosso mundo é ilimitada.

Capítulo 2: Estratégias de Criação de Prompts Eficientes para ChatGPT, codecat.ai e blackbox.ai

2.1 Introdução

Criar prompts eficientes é essencial para obter respostas precisas e úteis das plataformas de IA como ChatGPT, codecat.ai e blackbox.ai. Um bom prompt não só guia a IA para gerar a resposta desejada, mas também maximiza a relevância e a qualidade das interações. Neste capítulo, exploraremos diversas estratégias para formular prompts que sejam claros, concisos e contextualmente adequados, além de discutir a importância de conhecer o público-alvo e utilizar feedback iterativo.

2.2 Entendimento do Público-Alvo

2.2.1 Importância do Conhecimento do Público-Alvo

Compreender o público-alvo é o primeiro passo para criar prompts eficientes. Conhecer as necessidades, expectativas e nível de conhecimento do público ajuda a formular prompts que ressoem com os usuários e forneçam respostas úteis e relevantes.

2.2.2 Técnicas para Conhecer o Público-Alvo

- **Pesquisa de Mercado:** Utilize pesquisas e entrevistas para entender melhor o perfil e as necessidades do público.
- **Análise de Dados:** Examine dados históricos de interações para identificar padrões e preferências dos usuários.
- **Personas:** Crie personas detalhadas que representem os diferentes segmentos do seu público-alvo.

2.2.3 Exemplos de Adaptação de Prompts

- **Público Técnico:** "Explique como implementar uma árvore binária em Python."
- **Público Geral:** "O que é uma árvore binária e por que ela é usada em programação?"

2.3 Clareza e Concisão

2.3.1 Importância da Clareza

Prompts claros e diretos facilitam a compreensão da IA e garantem que a resposta gerada seja precisa e relevante. Ambiguidades e frases complexas podem levar a respostas confusas ou inadequadas.

2.3.2 Técnicas para Escrever Prompts Claros

- **Use Linguagem Simples:** Evite jargões e termos técnicos desnecessários.
- **Seja Específico:** Formule perguntas diretas que indiquem exatamente o que você deseja saber.
- **Divida em Partes:** Se a pergunta for complexa, divida-a em subperguntas mais simples.

2.3.3 Exemplos de Prompts Claros

- **Ambíguo:** "Fale sobre árvores."
- **Claro:** "O que é uma árvore binária e como ela é usada em algoritmos de busca?"

2.4 Contextualização Adequada
2.4.1 Importância do Contexto

Incluir contexto nos prompts ajuda a IA a gerar respostas mais precisas e relevantes. Contextualizar a pergunta com informações adicionais orienta o modelo sobre o foco da resposta desejada.

2.4.2 Técnicas para Contextualizar Prompts

- **Forneça Detalhes Relevantes:** Inclua informações que ajudem a IA a entender melhor a solicitação.
- **Use Exemplos:** Dê exemplos específicos que ilustrem o tipo de resposta esperada.
- **Defina o Escopo:** Indique claramente o escopo da resposta desejada.

2.4.3 Exemplos de Prompts Contextualizados

- **Sem Contexto:** "Explique o uso de árvores."
- **Com Contexto:** "Explique o uso de árvores binárias em algoritmos de busca e cite um exemplo de implementação em Python."

2.5 Variedade e Diversidade
2.5.1 Importância da Variedade

Utilizar uma variedade de prompts enriquece a capacidade de resposta dos modelos de IA, ajudando-os a lidar com diferentes temas, formatos e estilos de interação.

2.5.2 Técnicas para Criar Prompts Diversificados

- **Aborde Diferentes Temas:** Explore uma ampla gama de tópicos dentro do seu domínio de interesse.

- **Varie os Formatos:** Use perguntas abertas, fechadas, listas de verificação e cenários hipotéticos.
- **Incorpore Diferentes Estilos:** Experimente com tons formais e informais, linguagem técnica e não técnica.

2.5.3 Exemplos de Prompts Variados

- **Pergunta Aberta:** "Como as árvores binárias são usadas em estruturas de dados?"
- **Pergunta Fechada:** "As árvores binárias são usadas em algoritmos de busca? Sim ou não?"
- **Lista de Verificação:** "Liste três vantagens do uso de árvores binárias em algoritmos."

2.6 Feedback Iterativo
2.6.1 Importância do Feedback

Obter feedback é crucial para melhorar continuamente a eficácia dos prompts. Analisar as respostas geradas pela IA e ajustar os prompts com base nesse feedback ajuda a refinar a comunicação e a alcançar melhores resultados.

2.6.2 Técnicas para Coletar e Utilizar Feedback

- **Revisão das Respostas:** Analise regularmente as respostas da IA para identificar áreas de melhoria.
- **Solicitação de Feedback dos Usuários:** Peça aos usuários que avaliem a relevância e clareza das respostas.
- **Iteração Contínua:** Ajuste os prompts com base no feedback recebido e continue testando novas formulações.

2.6.3 Exemplos de Ajustes Baseados em Feedback

- **Prompt Original:** "Explique árvores binárias."
- **Ajuste Após Feedback:** "Explique o conceito de árvores binárias e descreva um exemplo de implementação em Python, focando em sua aplicação em algoritmos de busca."

2.7 Estudos de Caso
2.7.1 Estudo de Caso: Uso de Prompts em ChatGPT

- **Objetivo:** Melhorar a eficiência de um chatbot de atendimento ao cliente.
- **Método:** Formulação de prompts claros e específicos para responder a perguntas comuns dos clientes.
- **Resultados:** Aumento na precisão das respostas e redução no tempo de resposta.

2.7.2 Estudo de Caso: Prompts no Desenvolvimento de Software com codecat.ai

- **Objetivo:** Aumentar a produtividade dos desenvolvedores.
- **Método:** Uso de prompts diversificados para sugerir melhorias e detectar erros no código.
- **Resultados:** Melhoria na qualidade do código e aceleração do processo de desenvolvimento.

2.7.3 Estudo de Caso: Testes de Segurança com blackbox.ai

- **Objetivo:** Identificar vulnerabilidades em aplicações web.
- **Método:** Criação de prompts contextualizados para direcionar a análise de segurança.
- **Resultados:** Identificação eficaz de brechas de segurança e fornecimento de recomendações precisas para mitigação.

2.8 Exemplos Práticos

2.8.1 Exercício 1: Criação de Prompts para ChatGPT

Crie cinco prompts diferentes para o ChatGPT sobre um tema de sua escolha e analise a eficácia de cada um.

2.8.2 Exercício 2: Desenvolvimento de Prompts para codecat.ai

Desenvolva prompts que ajudem a detectar erros comuns em código JavaScript e forneça recomendações para melhorias.

2.8.3 Exercício 3: Teste de Prompts no blackbox.ai

Crie prompts para testar a segurança de uma aplicação web e avalie a precisão das respostas geradas pelo blackbox.ai.

2.9 Conclusão

A criação de prompts eficientes é uma habilidade essencial para maximizar a utilidade das ferramentas de IA como ChatGPT, codecat.ai e blackbox.ai. Compreender o público-alvo, garantir clareza e concisão, contextualizar adequadamente, diversificar os tipos de prompts e iterar com base no feedback são estratégias fundamentais para obter respostas precisas e relevantes. Ao dominar essas técnicas, você pode aprimorar significativamente a interação com a IA e aproveitar ao máximo suas capacidades.

2.10 Referências

- OpenAI. (2023). ChatGPT.
- codecat.ai. (2023). codecat.ai.
- blackbox.ai. (2023). blackbox.ai.

Este capítulo foi ampliado e detalhado para fornecer uma compreensão profunda das estratégias de criação de prompts, abordando cada aspecto com exemplos práticos e estudos de caso para facilitar a aplicação dos conceitos apresentados.

Capítulo 3: Melhores Práticas para Utilizar ChatGPT, codecat.ai e blackbox.ai na Geração de Conteúdo

3.1 Introdução

Neste capítulo, exploraremos as melhores práticas para utilizar ferramentas de inteligência artificial como ChatGPT, codecat.ai e blackbox.ai na geração de conteúdo. Compreender como tirar o máximo proveito dessas plataformas pode aumentar significativamente a eficiência e a qualidade do conteúdo produzido. Abordaremos estratégias específicas para cada ferramenta, incluindo exemplos práticos e estudos de caso.

3.2 ChatGPT

3.2.1 Defina um Propósito Claro

Antes de começar a usar o ChatGPT, é essencial ter em mente o objetivo do conteúdo que você deseja gerar. Um propósito claro orienta a formulação dos prompts e ajuda a obter respostas mais relevantes.

Exemplos:

- **Propósito Educacional:** "Explique os princípios básicos da teoria da relatividade."
- **Propósito de Entretenimento:** "Crie uma história curta de ficção científica sobre uma viagem no tempo."

3.2.2 Experimente Diferentes Estilos de Prompts

Testar diferentes estilos de prompts permite identificar quais funcionam melhor para o tipo de conteúdo desejado. Isso envolve variar o tom, a estrutura e a especificidade dos prompts.

Exemplos:

- **Formal:** "Discuta os impactos econômicos das mudanças climáticas."
- **Informal:** "Como as mudanças climáticas afetam nossa economia?"

3.2.3 Revise e Edite o Conteúdo Gerado

Apesar da IA ser eficaz na geração de conteúdo, a revisão humana é essencial para garantir a precisão, coesão e qualidade do material final. Revise e edite o texto produzido para eliminar erros e melhorar a fluidez.

1. **Leitura Atenta:** Verifique a coerência e a consistência do texto.
2. **Correção de Erros:** Identifique e corrija erros gramaticais e de digitação.
3. **Aprimoramento do Estilo:** Ajuste o tom e o estilo para atender ao público-alvo.

3.2.4 Personalização do ChatGPT

Personalizar o ChatGPT para suas necessidades específicas pode aumentar a relevância das respostas. Isso pode ser feito fornecendo contexto adicional ou ajustando os parâmetros do modelo.

Exemplos:

- **Contexto:** "Considerando o cenário atual da pandemia, discuta o impacto na economia global."
- **Parâmetros:** Ajustar o comprimento das respostas ou a criatividade do modelo.

3.3 codecat.ai
3.3.1 Integre com Suas Ferramentas de Desenvolvimento

Para uma experiência mais fluida, é recomendável integrar o codecat.ai com suas ferramentas de desenvolvimento. Isso facilita o uso da plataforma e a implementação do código gerado.

Ferramentas de Integração:

- **IDEs (Ambientes de Desenvolvimento Integrados):** Integração com ferramentas como Visual Studio Code ou IntelliJ IDEA.
- **Sistemas de Controle de Versão:** Utilização em conjunto com Git para gerenciar mudanças no código.

3.3.2 Entenda os Modelos Disponíveis

Familiarize-se com os diferentes modelos disponíveis no codecat.ai e escolha aquele que melhor atende às suas necessidades. Cada modelo tem suas particularidades e pode ser mais adequado para determinados tipos de projetos.

Exemplos de Modelos:

- **Sugestão de Código:** Modelos que fornecem sugestões de completamento de código.
- **Detecção de Erros:** Modelos que identificam bugs e vulnerabilidades no código.

3.3.3 Aproveite as Funcionalidades de Personalização

O codecat.ai oferece diversas funcionalidades de personalização que podem otimizar o processo de geração de código. Explore essas opções para obter resultados mais precisos e eficientes.

Funcionalidades:

- **Personalização de Estilo:** Ajuste as preferências de estilo de codificação, como convenções de nomenclatura e formatação.
- **Configurações de Projeto:** Especifique detalhes do projeto, como linguagem de programação e frameworks utilizados.

3.3.4 Implementação de Código com codecat.ai

Implementar código gerado pelo codecat.ai requer uma abordagem cuidadosa para garantir que ele se integre bem ao seu projeto existente e atenda aos requisitos de qualidade.

Passos para Implementação:

1. **Revisão do Código:** Examine o código gerado para garantir sua precisão e relevância.
2. **Testes:** Execute testes para verificar o funcionamento correto do código.
3. **Integração:** Integre o código ao seu projeto, fazendo os ajustes necessários para garantir a compatibilidade.

3.3.5 Exemplo de Uso do codecat.ai
Cenário:

Um desenvolvedor precisa implementar uma função de login seguro em uma aplicação web.

Processo:

1. **Prompt:** "Gere uma função de login seguro em Python utilizando Flask."
2. **Revisão:** O desenvolvedor revisa o código gerado pelo codecat.ai.
3. **Teste:** O desenvolvedor testa a função em um ambiente de desenvolvimento.
4. **Integração:** A função é integrada ao projeto existente, ajustando conforme necessário.

3.4 blackbox.ai
3.4.1 Utilize a Análise de Dados a seu Favor

Uma das principais vantagens do blackbox.ai é a capacidade de analisar grandes volumes de dados. Aproveite essa funcionalidade para embasar suas decisões e criar conteúdo mais embasado e relevante.

Exemplos de Análise:

- **Relatórios de Segurança:** Geração de relatórios detalhados sobre vulnerabilidades encontradas.
- **Insights de Dados:** Extração de insights a partir dos dados analisados para orientar a melhoria contínua.

3.4.2 Explore as Opções de Modelagem de Dados

Experimente diferentes técnicas de modelagem de dados oferecidas pelo blackbox.ai para extrair insights e informações valiosas. Essas ferramentas podem ajudar a aprimorar a qualidade e relevância do conteúdo gerado.

Técnicas de Modelagem:

- **Análise Estatística:** Utilização de métodos estatísticos para identificar padrões e tendências.
- **Machine Learning:** Aplicação de algoritmos de aprendizado de máquina para prever comportamentos futuros e identificar anomalias.

3.4.3 Mantenha-se Atualizado sobre as Tendências

O blackbox.ai é uma ferramenta poderosa que pode te ajudar a identificar tendências e padrões no mercado. Esteja sempre atento a essas informações para adaptar sua estratégia de conteúdo e se manter relevante.

Fontes de Informação:

- **Relatórios de Indústria:** Consultar relatórios e estudos de caso relevantes.
- **Feeds de Notícias:** Acompanhar notícias e atualizações sobre segurança cibernética e inteligência artificial.

3.4.4 Implementação de Testes com blackbox.ai

Implementar testes de segurança com blackbox.ai requer uma abordagem estruturada para garantir que todas as áreas críticas da aplicação sejam cobertas.

1. **Configuração de Testes:** Definir o escopo e os parâmetros dos testes de segurança.
2. **Execução de Testes:** Utilizar blackbox.ai para realizar os testes, monitorando o desempenho e os resultados.
3. **Análise de Resultados:** Revisar os relatórios gerados para identificar vulnerabilidades e áreas de melhoria.
4. **Implementação de Correções:** Aplicar as recomendações de segurança para mitigar as vulnerabilidades encontradas.

3.4.5 Exemplo de Uso do blackbox.ai

Cenário:

Uma empresa precisa garantir a segurança de sua aplicação web antes do lançamento.

Processo:

1. **Prompt:** "Realize uma análise de segurança completa na aplicação web XYZ."
2. **Execução:** blackbox.ai executa os testes e gera um relatório detalhado.
3. **Análise:** A equipe de segurança revisa o relatório e identifica vulnerabilidades críticas.
4. **Correção:** As vulnerabilidades são corrigidas e novos testes são realizados para garantir a segurança.

3.5 Estudos de Caso

3.5.1 Estudo de Caso: Uso de Prompts em ChatGPT

Contexto:

Uma empresa de e-commerce deseja melhorar a interação com seus clientes utilizando um chatbot alimentado pelo ChatGPT.

Desafios:

- **Variedade de Perguntas:** Os clientes fazem uma ampla gama de perguntas, desde status de pedidos até recomendações de produtos.
- **Qualidade das Respostas:** Garantir que as respostas sejam precisas e úteis.

Solução:

1. **Criação de Prompts:** Desenvolver uma variedade de prompts que cubram as perguntas mais frequentes dos clientes.
2. **Testes e Feedback:** Implementar o chatbot e coletar feedback dos usuários para ajustar os prompts.
3. **Resultados:** A precisão das respostas aumentou significativamente, melhorando a satisfação do cliente.

3.5.2 Estudo de Caso: Prompts no Desenvolvimento de Software com codecat.ai

Contexto:

Uma startup de tecnologia está desenvolvendo um novo aplicativo e deseja acelerar o processo de codificação.

Desafios:

- **Produtividade:** A equipe de desenvolvimento precisa entregar o projeto em um prazo curto.
- **Qualidade do Código:** Manter um alto padrão de qualidade no código.

Solução:

1. **Utilização de codecat.ai:** Integrar o codecat.ai com as ferramentas de desenvolvimento da equipe.
2. **Criação de Prompts:** Desenvolver prompts específicos para sugerir melhorias e detectar erros no código.
3. **Resultados:** A produtividade da equipe aumentou, e a qualidade do código foi mantida, permitindo a entrega do projeto no prazo.

3.5.3 Estudo de Caso: Testes de Segurança com blackbox.ai

Contexto:

Uma empresa de fintech precisa garantir a segurança de sua plataforma de pagamentos antes de lançar um novo recurso.

Desafios:

- **Complexidade de Segurança:** A plataforma lida com dados financeiros sensíveis e deve estar protegida contra uma ampla gama de ameaças.
- **Eficiência dos Testes:** Realizar testes de segurança de forma eficiente para não atrasar o lançamento do novo recurso.

Solução:

1. **Configuração de blackbox.ai:** Definir o escopo dos testes de segurança utilizando blackbox.ai.
2. **Execução de Testes:** Realizar uma análise completa da plataforma.
3. **Análise e Correção:** Revisar os resultados, corrigir vulnerabilidades e realizar novos testes para garantir a segurança.
4. **Resultados:** A plataforma foi lançada com sucesso, sem vulnerabilidades críticas, proporcionando segurança e confiança aos usuários.

3.6 Exercícios Práticos

3.6.1 Exercício 1: Criação de Prompts para ChatGPT

Crie cinco prompts diferentes para o ChatGPT sobre um tema de sua escolha e analise a eficácia de cada um.

Passos:

1. **Escolha do Tema:** Selecionar um tema relevante.
2. **Desenvolvimento de Prompts:** Criar prompts variados.
3. **Teste e Análise:** Utilizar o ChatGPT para gerar respostas e avaliar a precisão e relevância.

3.6.2 Exercício 2: Desenvolvimento de Prompts para codecat.ai

Desenvolva prompts que ajudem a detectar erros comuns em código JavaScript e forneça recomendações para melhorias.

Passos:

1. **Identificação de Erros Comuns:** Pesquisar erros frequentes em JavaScript.
2. **Criação de Prompts:** Formular prompts específicos para detecção e correção desses erros.
3. **Teste e Revisão:** Avaliar a eficácia dos prompts utilizando codecat.ai.

3.6.3 Exercício 3: Teste de Prompts no blackbox.ai

Crie prompts para testar a segurança de uma aplicação web e avalie a precisão das respostas geradas pelo blackbox.ai.

Passos:

1. **Definição do Escopo:** Determinar as áreas críticas da aplicação a serem testadas.
2. **Desenvolvimento de Prompts:** Criar prompts específicos para cada área de teste.
3. **Execução e Análise:** Realizar os testes com blackbox.ai e revisar os resultados para identificar vulnerabilidades.

3.7 Conclusão

Utilizar ferramentas de inteligência artificial como ChatGPT, codecat.ai e blackbox.ai na geração de conteúdo requer uma compreensão profunda das melhores práticas e estratégias de criação de prompts. Ao definir um propósito claro, experimentar diferentes estilos de prompts, revisar e editar o conteúdo gerado, personalizar as ferramentas de IA e implementar abordagens estruturadas para testes de segurança, é possível maximizar a utilidade dessas plataformas e produzir resultados de alta qualidade.

3.8 Referências

- OpenAI. (2023). ChatGPT.
- codecat.ai. (2023). codecat.ai.
- blackbox.ai. (2023). blackbox.ai.

Este capítulo foi expandido e detalhado para fornecer uma compreensão aprofundada das melhores práticas para utilizar ferramentas de inteligência artificial na geração de conteúdo. As estratégias e exemplos práticos apresentados ajudarão a maximizar a eficiência e a qualidade do trabalho realizado com ChatGPT, codecat.ai e blackbox.ai.

Capítulo 4: Exercícios Práticos e Modelos para ChatGPT, codecat.ai e blackbox.ai

4.1 Introdução

Neste capítulo, você terá a oportunidade de colocar em prática os conhecimentos adquiridos sobre o uso de ChatGPT, codecat.ai e blackbox.ai. Apresentaremos uma série de exercícios práticos e modelos de prompts que ajudarão a solidificar seu entendimento e habilidades na criação de conteúdo utilizando essas ferramentas de IA. Cada seção incluirá uma descrição detalhada dos exercícios, exemplos práticos e modelos de referência.

4.2 Exercícios Práticos para ChatGPT

4.2.1 Fundamentos da Inteligência Artificial

Objetivo

Entender os princípios básicos da Inteligência Artificial (IA) e sua aplicação em ferramentas como ChatGPT, codecat.ai e blackbox.ai.

Exercício 1: Pesquisa e Descrição dos Princípios Básicos

Pesquise e descreva os princípios básicos da IA e como eles são aplicados em ferramentas como ChatGPT, codecat.ai e blackbox.ai.

Passos:

1. **Pesquisa:** Utilize fontes confiáveis para estudar os princípios da IA.
2. **Descrição:** Escreva um resumo detalhado sobre os princípios encontrados.
3. **Aplicação:** Explique como esses princípios são aplicados em ChatGPT, codecat.ai e blackbox.ai.

Modelo de Resposta:

Princípios Básicos da IA:

A Inteligência Artificial (IA) é um campo da ciência da computação focado em criar sistemas capazes de realizar tarefas que normalmente exigiriam inteligência humana. Os principais princípios da IA incluem aprendizado de máquina (machine learning), redes neurais, processamento de linguagem natural (NLP) e visão computacional.

Aplicação em ChatGPT:

O ChatGPT utiliza processamento de linguagem natural e redes neurais para entender e gerar texto em linguagem natural. A IA aprende com grandes volumes de dados textuais, identificando padrões e contextos para produzir respostas coerentes e relevantes.

Aplicação em codecat.ai:

O codecat.ai utiliza aprendizado de máquina para analisar códigos, sugerir melhorias e detectar erros. Ele aprende com padrões de programação e utiliza esse conhecimento para fornecer recomendações precisas.

Aplicação em blackbox.ai:

O blackbox.ai aplica algoritmos avançados de detecção de vulnerabilidades e machine learning para realizar testes de segurança cibernética. Ele identifica padrões de ameaças e fornece recomendações para mitigar riscos.

4.2.2 Desenvolvimento de Prompts Estratégicos

Objetivo

Desenvolver cinco prompts diferentes e analisar a eficácia de cada um ao serem utilizados nas plataformas ChatGPT, codecat.ai e blackbox.ai.

Exercício 2: Criação e Análise de Prompts

Crie cinco prompts estratégicos para cada ferramenta e avalie a eficácia das respostas geradas.

Passos:

1. **Criação de Prompts:** Desenvolva cinco prompts para cada ferramenta.
2. **Teste de Prompts:** Utilize cada prompt na respectiva plataforma.
3. **Análise de Respostas:** Avalie a precisão e relevância das respostas geradas.

Modelos de Prompts:

ChatGPT:

1. "Explique a teoria da relatividade de maneira simples."
2. "Qual é a importância da sustentabilidade ambiental?"
3. "Descreva os principais eventos da Revolução Francesa."
4. "Como a inteligência artificial está transformando o setor de saúde?"
5. "Quais são as tendências de tecnologia para os próximos cinco anos?"

codecat.ai:

1. "Sugira uma função em Python para calcular a média de uma lista de números."
2. "Identifique e corrija erros comuns em um código de login em JavaScript."
3. "Recomende melhorias para um algoritmo de busca binária em C++."
4. "Gere um exemplo de uso do framework Flask em Python."
5. "Detecte vulnerabilidades em um código de autenticação em Node.js."

blackbox.ai:

1. "Realize uma análise de segurança em uma aplicação web desenvolvida em Django."
2. "Identifique vulnerabilidades em uma API RESTful em Java."
3. "Avalie a segurança de um aplicativo móvel desenvolvido em React Native."
4. "Forneça recomendações para melhorar a segurança de uma plataforma e-commerce."
5. "Teste a segurança de uma aplicação IoT baseada em MQTT."

4.2.3 Geração de Conteúdo com ChatGPT
Objetivo

Utilizar o ChatGPT para criar um texto original sobre um tema de sua escolha e avaliar as melhores práticas utilizadas durante o processo de geração de conteúdo.

Exercício 3: Criação de Texto Original

Escolha um tema e utilize o ChatGPT para criar um texto original. Em seguida, avalie o processo de criação e as práticas aplicadas.

Passos:

1. **Escolha do Tema:** Selecione um tema relevante.
2. **Criação do Texto:** Utilize o ChatGPT para gerar o texto.
3. **Revisão e Edição:** Revise e edite o texto para garantir qualidade e coesão.
4. **Avaliação:** Analise as práticas utilizadas e a eficácia do processo.

Modelo de Texto:

Tema: Sustentabilidade Ambiental

Texto Gerado:

A sustentabilidade ambiental é um conceito que se refere à capacidade de manter a saúde do nosso planeta a longo prazo. Ela envolve a gestão responsável dos recursos naturais, a preservação da biodiversidade e a redução do impacto humano no meio ambiente. A sustentabilidade é crucial para garantir que as futuras gerações possam desfrutar de um planeta saudável e próspero.

Uma das principais abordagens para alcançar a sustentabilidade ambiental é a adoção de práticas de economia circular. Ao contrário do modelo linear tradicional de "extrair, produzir, descartar", a economia circular promove a reutilização, reciclagem e recuperação de materiais. Isso reduz a quantidade de resíduos e a demanda por recursos naturais.

Além disso, a transição para fontes de energia renováveis, como solar e eólica, é fundamental para reduzir as emissões de gases de efeito estufa e combater as mudanças climáticas. A eficiência energética também desempenha um papel importante, permitindo que utilizemos menos energia para realizar as mesmas tarefas.

Por fim, a conscientização e educação ambiental são essenciais para promover mudanças comportamentais e políticas públicas que apoiem a sustentabilidade. Cada indivíduo pode contribuir adotando práticas sustentáveis em seu dia a dia, como reduzir o consumo de plástico, economizar água e energia, e apoiar empresas que seguem princípios sustentáveis.

Avaliação:

Durante o processo de criação do texto, foi importante definir um propósito claro e fornecer contexto suficiente para orientar o ChatGPT. A revisão e edição foram essenciais para melhorar a coesão e garantir a precisão das informações. A experiência demonstrou a eficácia do ChatGPT na geração de conteúdo de alta qualidade quando as melhores práticas são seguidas.

4.3 Exercícios Práticos para codecat.ai

4.3.1 Sugestão de Código

Objetivo

Utilizar codecat.ai para sugerir códigos em diferentes linguagens de programação e melhorar a eficiência no desenvolvimento de software.

Exercício 1: Sugestão de Funções em Diferentes Linguagens

Crie prompts para codecat.ai sugerir funções em Python, JavaScript e Java. Teste e analise as sugestões fornecidas.

Passos:

1. **Criação de Prompts:** Desenvolva prompts para cada linguagem.
2. **Teste de Sugestões:** Utilize codecat.ai para gerar as funções.
3. **Revisão e Implementação:** Revise as funções sugeridas e implemente-as em um projeto de teste.
4. **Avaliação:** Avalie a precisão e utilidade das sugestões fornecidas.

Python:

1. "Sugira uma função em Python para calcular a média de uma lista de números."
2. "Crie uma função em Python para converter uma string em uma lista de palavras."

JavaScript:

1. "Sugira uma função em JavaScript para validar um endereço de email."
2. "Crie uma função em JavaScript para calcular o fatorial de um número."

Java:

1. "Sugira uma função em Java para ordenar uma lista de números inteiros."
2. "Crie uma função em Java para verificar se um número é primo."

4.3.2 Detecção e Correção de Erros
Objetivo

Utilizar codecat.ai para detectar e corrigir erros em códigos de diferentes linguagens de programação, melhorando a qualidade do software.

Exercício 2: Identificação e Correção de Erros

Desenvolva prompts para codecat.ai detectar e corrigir erros em códigos Python, JavaScript e Java. Teste a eficácia das correções sugeridas.

Passos:

1. **Criação de Prompts:** Desenvolva prompts com códigos que contenham erros comuns.
2. **Teste de Correções:** Utilize codecat.ai para detectar e corrigir os erros.
3. **Revisão e Implementação:** Revise as correções sugeridas e implemente-as em um projeto de teste.
4. **Avaliação:** Avalie a precisão e utilidade das correções fornecidas.

Modelos de Prompts:

Python:

1. "Detecte e corrija erros no seguinte código Python para calcular a média de uma lista de números: `def calculate_average(numbers): total = sum(numbers) count = len(numbers) return total / count`."

2. "Encontre e corrija erros no seguinte código Python para verificar se um número é primo: `def is_prime(n): for i in range(2, n): if n % i == 0: return False return True`."

JavaScript:

1. "Detecte e corrija erros no seguinte código JavaScript para validar um endereço de email: `function validateEmail(email) { var re = /\\S+@\\S+\\.\\S+/; return re.test(email); }`."
2. "Encontre e corrija erros no seguinte código JavaScript para calcular o fatorial de um número: `function factorial(n) { if (n == 0) return 1; return n * factorial(n - 1); }`."

Java:

1. "Detecte e corrija erros no seguinte código Java para ordenar uma lista de números inteiros: `public class Sort { public static void sort(int[] arr) { for (int i = 0; i < arr.length - 1; i++) { for (int j = 0; j < arr.length - i - 1; j++) { if (arr[j] > arr[j + 1]) { int temp = arr[j]; arr[j] = arr[j + 1]; arr[j + 1] = temp; } } } }`."
2. "Encontre e corrija erros no seguinte código Java para verificar se um número é primo: `public class PrimeCheck { public static boolean isPrime(int n) { for (int i = 2; i < n; i++) { if (n % i == 0) { return false; } } return true; } }`."

4.4 Exercícios Práticos para blackbox.ai

4.4.1 Análise de Segurança

Objetivo

Utilizar blackbox.ai para realizar análises de segurança em aplicações web e móveis, identificando vulnerabilidades e fornecendo recomendações de mitigação.

Exercício 1: Análise de Segurança em Aplicações Web

Desenvolva prompts para blackbox.ai realizar análises de segurança em aplicações web desenvolvidas em Django, Java e React.

Passos:

1. **Criação de Prompts:** Desenvolva prompts específicos para cada aplicação.
2. **Execução de Testes:** Utilize blackbox.ai para realizar as análises de segurança.
3. **Revisão de Resultados:** Analise os relatórios gerados e identifique as vulnerabilidades.
4. **Implementação de Correções:** Aplique as recomendações de segurança fornecidas.
5. **Reavaliação:** Realize novos testes para garantir a eficácia das correções.

Django:

1. "Realize uma análise de segurança em uma aplicação web desenvolvida em Django, focando em vulnerabilidades comuns como XSS, CSRF e SQL Injection."
2. "Identifique possíveis vulnerabilidades de segurança em uma aplicação Django que utiliza autenticação e autorização de usuários."

Java:

1. "Realize uma análise de segurança em uma API RESTful desenvolvida em Java, procurando por vulnerabilidades de injeção de SQL, configuração inadequada de segurança e falhas de autenticação."
2. "Avalie a segurança de uma aplicação web Java que utiliza Spring Boot, identificando possíveis brechas de segurança."

React:

1. "Realize uma análise de segurança em uma aplicação móvel desenvolvida em React Native, focando em vulnerabilidades específicas de aplicativos móveis."
2. "Identifique vulnerabilidades de segurança em uma aplicação web React que se comunica com uma API externa."

4.4.2 Modelagem de Dados e Extração de Insights
Objetivo

Utilizar blackbox.ai para modelar dados e extrair insights valiosos que possam ajudar a melhorar a segurança e a eficiência de sistemas.

Exercício 2: Modelagem de Dados e Extração de Insights

Desenvolva prompts para blackbox.ai realizar modelagem de dados em diferentes cenários de segurança cibernética e extrair insights úteis.

Passos:

1. **Criação de Prompts:** Desenvolva prompts específicos para diferentes cenários.
2. **Execução de Modelagem:** Utilize blackbox.ai para realizar a modelagem de dados.
3. **Análise de Resultados:** Revise os insights gerados e identifique áreas de melhoria.
4. **Implementação de Melhorias:** Aplique as recomendações para melhorar a segurança e a eficiência.
5. **Reavaliação:** Realize novas análises para garantir a eficácia das melhorias implementadas.

Modelos de Prompts:

Cenário 1:

1. "Realize uma modelagem de dados para identificar padrões de ataques DDoS em uma rede corporativa."
2. "Extraia insights sobre as vulnerabilidades mais exploradas em um ambiente de nuvem, com base em logs de segurança."

Cenário 2:

1. "Realize uma análise de comportamento de usuários para identificar atividades suspeitas que possam indicar um possível ataque interno."
2. "Modele os dados de logs de acesso para detectar padrões de login malicioso em uma aplicação web."

4.4.3 Implementação de Testes de Segurança

Objetivo

Utilizar blackbox.ai para implementar testes de

segurança estruturados em aplicações, garantindo uma cobertura abrangente e identificação precisa de vulnerabilidades.

Exercício 3: Implementação de Testes de Segurança

Desenvolva prompts para blackbox.ai realizar testes de segurança estruturados em uma aplicação IoT, uma plataforma e-commerce e uma aplicação de banco de dados.

Passos:

1. **Criação de Prompts:** Desenvolva prompts específicos para cada aplicação.
2. **Execução de Testes:** Utilize blackbox.ai para realizar os testes de segurança.
3. **Análise de Resultados:** Revise os relatórios gerados e identifique as vulnerabilidades.
4. **Implementação de Correções:** Aplique as recomendações de segurança fornecidas.
5. **Reavaliação:** Realize novos testes para garantir a eficácia das correções.

Modelos de Prompts:

IoT:

1. "Realize uma análise de segurança em uma aplicação IoT baseada em MQTT, procurando por vulnerabilidades de comunicação e autenticação."
2. "Identifique possíveis falhas de segurança em dispositivos IoT que utilizam protocolos de comunicação sem fio."

E-commerce:

1. "Realize uma análise de segurança em uma plataforma e-commerce, focando em vulnerabilidades de transações financeiras e armazenamento de dados de clientes."
2. "Avalie a segurança de um sistema de pagamento online integrado a uma plataforma e-commerce."

Banco de Dados:

1. "Realize uma análise de segurança em uma aplicação de banco de dados, identificando vulnerabilidades de injeção de SQL e configuração inadequada de permissões."
2. "Avalie a segurança de um banco de dados que armazena informações sensíveis de usuários."

4.5 Estudos de Caso Detalhados

4.5.1 Estudo de Caso: Uso de Prompts em ChatGPT

Contexto:

Uma empresa de consultoria quer melhorar a interação com seus clientes através de um assistente virtual alimentado pelo ChatGPT.

Desafios:

- **Variedade de Perguntas:** Os clientes fazem perguntas diversas, desde questões básicas até solicitações complexas de consultoria.
- **Qualidade das Respostas:** Garantir que as respostas sejam precisas, úteis e personalizadas.

Solução:

1. **Desenvolvimento de Prompts:** Criar uma variedade de prompts para cobrir as perguntas mais frequentes dos clientes.
2. **Teste de Prompts:** Implementar o assistente virtual e testar os prompts com perguntas reais.
3. **Coleta de Feedback:** Coletar feedback dos clientes para ajustar e refinar os prompts.
4. **Resultados:** A precisão das respostas aumentou significativamente, melhorando a satisfação dos clientes e reduzindo o tempo de resposta.

Exemplos de Prompts:

- "Qual é a melhor estratégia de marketing digital para pequenas empresas?"
- "Como podemos implementar uma política de sustentabilidade na nossa empresa?"
- "Explique os benefícios da análise SWOT para planejamento estratégico."

4.5.2 Estudo de Caso: Prompts no Desenvolvimento de Software com codecat.ai

Contexto:

Uma empresa de software está desenvolvendo um novo aplicativo e deseja acelerar o processo de codificação.

Desafios:

- **Produtividade:** A equipe de desenvolvimento precisa entregar o projeto dentro de um prazo curto.
- **Qualidade do Código:** Manter um alto padrão de qualidade no código.

Solução:

1. **Utilização de codecat.ai:** Integrar codecat.ai com as ferramentas de desenvolvimento da equipe.
2. **Desenvolvimento de Prompts:** Criar prompts específicos para sugerir melhorias e detectar erros no código.
3. **Revisão e Implementação:** Revisar as sugestões e correções fornecidas pelo codecat.ai e implementá-las no projeto.
4. **Resultados:** A produtividade da equipe aumentou e a qualidade do código foi mantida, permitindo a entrega do projeto no prazo.

Exemplos de Prompts:

- "Sugira melhorias para a função de autenticação de usuários em Python."
- "Identifique possíveis falhas de segurança em um código de API RESTful em Node.js."
- "Recomende otimizações para um algoritmo de busca em JavaScript."

4.5.3 Estudo de Caso: Testes de Segurança com blackbox.ai

Contexto:

Uma empresa de fintech precisa garantir a segurança de sua plataforma de pagamentos antes do lançamento de um novo recurso.

Desafios:

- **Complexidade de Segurança:** A plataforma lida com dados financeiros sensíveis e deve estar protegida contra uma ampla gama de ameaças.
- **Eficiência dos Testes:** Realizar testes de segurança de forma eficiente para não atrasar o lançamento do novo recurso.

Solução:

1. **Configuração de blackbox.ai:** Definir o escopo dos testes de segurança utilizando blackbox.ai.
2. **Execução de Testes:** Realizar uma análise completa da plataforma de pagamentos.
3. **Análise e Correção:** Revisar os resultados, corrigir vulnerabilidades e realizar novos testes para garantir a segurança.
4. **Resultados:** A plataforma foi lançada com sucesso, sem vulnerabilidades críticas, proporcionando segurança e confiança aos usuários.

Exemplos de Prompts:

- "Realize uma análise de segurança completa na plataforma de pagamentos, focando em vulnerabilidades de injeção de SQL e autenticação."
- "Identifique possíveis falhas de segurança em APIs de pagamento que se comunicam com sistemas bancários externos."

4.6 Exemplos Práticos e Modelos

4.6.1 Modelos de Prompts para ChatGPT

Propósito: Educação

- "Explique os princípios básicos da termodinâmica."
- "Descreva o impacto da Revolução Industrial na economia global."

Propósito: Entretenimento

- "Crie uma história curta de mistério envolvendo um detetive e um caso não resolvido."
- "Desenvolva um roteiro para um episódio de uma série de ficção científica sobre viagens espaciais."

4.6.2 Modelos de Prompts para codecat.ai

Sugestão de Código

- "Sugira uma função em Python para gerar números primos até um determinado valor."
- "Crie um script em JavaScript para animar um elemento HTML ao ser clicado."

Detecção de Erros

- "Identifique e corrija erros em um código de login em JavaScript."
- "Detecte e corrija vulnerabilidades de injeção de SQL em uma consulta MySQL em PHP."

4.6.3 Modelos de Prompts para blackbox.ai

Análise de Segurança

- "Realize uma análise de segurança em uma aplicação web desenvolvida em Ruby on Rails, focando em vulnerabilidades de injeção de SQL e CSRF."
- "Identifique possíveis falhas de segurança em um aplicativo móvel Android que utiliza comunicação Bluetooth."

Modelagem de Dados e Extração de Insights

- "Realize uma modelagem de dados para identificar padrões de fraude em transações financeiras."
- "Extraia insights sobre vulnerabilidades mais exploradas em uma rede corporativa com base em logs de segurança."

4.7 Conclusão

Os exercícios práticos e modelos apresentados neste capítulo fornecem uma base sólida para explorar e aplicar as capacidades de ChatGPT, codecat.ai e blackbox.ai. Ao seguir as melhores práticas e utilizar os exemplos fornecidos, você pode maximizar a eficiência e a qualidade do conteúdo gerado, melhorar o desenvolvimento de software e fortalecer a segurança das aplicações. A prática contínua e a adaptação dos prompts às necessidades específicas do seu projeto são essenciais para aproveitar ao máximo essas ferramentas de inteligência artificial.

4.8 Referências

- OpenAI. (2023). ChatGPT.
- codecat.ai. (2023). codecat.ai.
- blackbox.ai. (2023). blackbox.ai.

Este capítulo foi detalhado e expandido para fornecer uma compreensão aprofundada dos exercícios práticos e modelos de prompts para maximizar o uso de ChatGPT, codecat.ai e blackbox.ai. As estratégias e exemplos práticos apresentados ajudarão a aprimorar suas habilidades e a eficiência na criação de conteúdo, desenvolvimento de software e segurança de aplicações.

5.1 Introdução

A Inteligência Artificial (IA) tem revolucionado o desenvolvimento de software, proporcionando novas formas de aumentar a produtividade e eficiência. Este capítulo apresenta um resumo abrangente das maneiras como a IA pode ser usada para melhorar o desenvolvimento de software, incluindo técnicas, ferramentas e práticas recomendadas. Além disso, exploraremos casos de uso adicionais e referências que ilustram o impacto da IA na produtividade.

5.2 Benefícios da IA no Desenvolvimento de Software

5.2.1 Automação de Tarefas Repetitivas

A IA pode automatizar tarefas repetitivas e demoradas, liberando desenvolvedores para se concentrar em atividades mais criativas e estratégicas. Exemplos incluem a geração de código, testes automatizados e a detecção de erros.

Exemplos:

- **Geração de Código:** Ferramentas como ChatGPT e codecat.ai podem sugerir e gerar blocos de código com base em descrições textuais.
- **Testes Automatizados:** Plataformas como blackbox.ai podem executar testes de segurança e funcionalidade automaticamente, identificando vulnerabilidades e falhas.

5.2.2 Melhoria da Qualidade do Código

A IA pode ajudar a melhorar a qualidade do código através da detecção automática de erros, sugestões de otimização e análise de código.

Exemplos:

- **Detecção de Erros:** Ferramentas de IA podem identificar bugs e vulnerabilidades no código, sugerindo correções e melhorias.
- **Otimização de Código:** Algoritmos de IA podem analisar padrões de programação e sugerir otimizações para melhorar a eficiência e desempenho do código.

5.2.3 Aceleração do Processo de Desenvolvimento

A IA pode acelerar significativamente o ciclo de desenvolvimento de software, reduzindo o tempo necessário para tarefas como depuração, integração contínua e entrega contínua (CI/CD).

- **Depuração Automatizada:** Ferramentas de IA podem identificar e corrigir automaticamente erros no código, acelerando o processo de depuração.
- **CI/CD Automatizado:** Plataformas de IA podem gerenciar pipelines de CI/CD, automatizando a integração e entrega de novas versões de software.

5.2.4 Personalização e Adaptação

A IA pode aprender com os padrões de codificação e preferências de desenvolvedores individuais, oferecendo sugestões personalizadas e adaptadas ao estilo de cada programador.

Exemplos:

- **Sugestões Personalizadas:** Ferramentas de IA podem sugerir snippets de código, padrões de design e soluções específicas com base no histórico de desenvolvimento do usuário.
- **Adaptação Contínua:** Algoritmos de aprendizado contínuo podem ajustar as recomendações de IA conforme o desenvolvedor adquire novas habilidades e experiências.

5.3 Técnicas e Ferramentas de IA no Desenvolvimento de Software

5.3.1 Processamento de Linguagem Natural (PLN)

O PLN é uma subárea da IA que permite a compreensão e geração de texto natural. No desenvolvimento de software, o PLN é usado para criar ferramentas que interagem com os desenvolvedores em linguagem natural, gerando código e fornecendo sugestões.

Exemplos de Ferramentas:

- **ChatGPT:** Um modelo de linguagem que pode gerar texto e código com base em prompts textuais.
- **Copilot:** Uma ferramenta de sugestão de código que utiliza PLN para oferecer sugestões inteligentes enquanto o desenvolvedor escreve.

5.3.2 Aprendizado de Máquina (ML)

O aprendizado de máquina permite que algoritmos aprendam com dados históricos para fazer previsões e fornecer recomendações. No desenvolvimento de software, ML é usado para detectar padrões e prever erros e vulnerabilidades.

- **SonarQube:** Uma plataforma que usa aprendizado de máquina para analisar a qualidade do código e detectar vulnerabilidades.
- **DeepCode:** Uma ferramenta que usa aprendizado de máquina para analisar código e fornecer sugestões de correção e otimização.

5.3.3 Análise de Dados

A análise de dados envolve a extração de informações úteis a partir de grandes volumes de dados. No desenvolvimento de software, a análise de dados é usada para entender padrões de uso, identificar problemas de desempenho e prever comportamentos futuros.

Exemplos de Ferramentas:

- **Splunk:** Uma plataforma de análise de dados que pode monitorar logs de aplicações e fornecer insights sobre desempenho e segurança.
- **New Relic:** Uma ferramenta de monitoramento e análise de desempenho que ajuda a identificar problemas e otimizar aplicações.

5.4 Práticas Recomendadas para Utilizar IA no Desenvolvimento de Software

5.4.1 Integração Contínua e Entrega Contínua (CI/CD)

A integração de ferramentas de IA em pipelines de CI/CD pode aumentar a eficiência e reduzir o tempo de lançamento de novas versões de software.

Dicas:

- **Automatize Testes:** Use IA para automatizar testes de unidade, integração e segurança.
- **Monitore Automatizações:** Utilize ferramentas de IA para monitorar pipelines de CI/CD e detectar falhas automaticamente.

5.4.2 Revisão de Código Automatizada

Ferramentas de IA podem automatizar a revisão de código, identificando problemas de qualidade e sugerindo melhorias.

Dicas:

- **Use Análise Estática:** Ferramentas de análise estática de código, como SonarQube, podem detectar problemas sem executar o código.
- **Implementação Gradual:** Integre ferramentas de revisão automatizada de forma gradual para permitir ajustes e personalizações conforme necessário.

5.4.3 Treinamento e Adaptação Contínua

Ferramentas de IA devem ser continuamente treinadas e adaptadas para garantir que forneçam as melhores recomendações possíveis.

Dicas:

- **Feedback Contínuo:** Forneça feedback constante para as ferramentas de IA para melhorar a precisão das sugestões.
- **Atualizações Frequentes:** Mantenha as ferramentas de IA atualizadas com as últimas versões e técnicas.

5.5 Casos de Uso Adicionais de IA no Desenvolvimento de Software
5.5.1 Assistentes de Codificação

Os assistentes de codificação baseados em IA podem fornecer sugestões em tempo real, ajudar na documentação e otimizar o código.

Exemplos:

- **GitHub Copilot:** Um assistente de codificação que fornece sugestões enquanto o desenvolvedor escreve código, utilizando a tecnologia GPT-3.
- **TabNine:** Uma ferramenta de autocompletar baseada em IA que oferece sugestões inteligentes para várias linguagens de programação.

5.5.2 Gerenciamento de Projetos

Ferramentas de IA podem ajudar a gerenciar projetos de desenvolvimento de software, priorizando tarefas, estimando prazos e alocando recursos.

Exemplos:

- **Jira Software:** Utiliza IA para ajudar a priorizar tarefas e prever o tempo necessário para concluir projetos.
- **Asana:** Usa algoritmos de IA para otimizar a alocação de recursos e gerenciamento de projetos.

5.5.3 Análise de Sentimento

Ferramentas de IA podem analisar o feedback de usuários e desenvolvedores para identificar áreas de melhoria e ajustar estratégias de desenvolvimento.

Exemplos:

- **MonkeyLearn:** Uma ferramenta de análise de sentimento que pode ser usada para analisar feedback de usuários sobre software e aplicativos.
- **Lexalytics:** Uma plataforma que usa análise de sentimento para entender o feedback dos usuários e ajudar no aprimoramento do produto.

5.6 Referências de Uso de Ferramentas Adicionais de IA

5.6.1 Visual Studio IntelliCode

Descrição: O Visual Studio IntelliCode usa IA para oferecer sugestões de código inteligentes e personalizadas com base nos padrões do seu código e nas melhores práticas da comunidade.

Benefícios:

- Sugestões baseadas em contexto.
- Melhoria na produtividade do desenvolvedor.
- Redução de erros comuns de codificação.

Referência:

- Microsoft Visual Studio IntelliCode: Link

5.6.2 Kite

Descrição: O Kite é um autocompletador baseado em IA que ajuda a escrever código mais rápido e com menos erros. Ele oferece sugestões para várias linguagens de programação e pode ser integrado a vários editores de código.

Benefícios:

- Sugestões em tempo real.
- Suporte a múltiplas linguagens de programação.
- Integração com editores populares como VSCode e PyCharm.

Referência:

- Kite: Link

5.6.3 Codota

Descrição: O Codota é um assistente de codificação que usa IA para prever e completar linhas de código. Ele se integra a IDEs populares e suporta várias linguagens de programação.

Benefícios:

- Aumento da velocidade de codificação.
- Redução de erros.
- Sugestões baseadas em milhões de exemplos de código.

Referência:

- Codota: Link

5.7 Conclusão

A integração da Inteligência Artificial no desenvolvimento de software oferece uma variedade de benefícios, incluindo aumento da produtividade, melhoria da qualidade do código e aceleração do processo de desenvolvimento. Ferramentas de IA, como ChatGPT, codecat.ai e blackbox.ai, juntamente com práticas recomendadas e casos de uso adicionais, proporcionam um ambiente de desenvolvimento mais eficiente e eficaz.

À medida que a IA continua a evoluir, seu impacto no desenvolvimento de software provavelmente se expandirá, oferecendo novas oportunidades para melhorar a produtividade e inovação. Desenvolvedores e empresas que adotam essas tecnologias estarão melhor posicionados para aproveitar os avanços contínuos e se manterem competitivos no mercado.

5.8 Referências

- OpenAI. (2023). ChatGPT.
- codecat.ai. (2023). codecat.ai.
- blackbox.ai. (2023). blackbox.ai.
- Microsoft Visual Studio IntelliCode: Link
- Kite: Link
- Codota: Link

Este capítulo fornece uma visão detalhada de como a IA pode ser usada para aumentar a produtividade no desenvolvimento de software, juntamente com exemplos práticos, ferramentas recomendadas e casos de uso adicionais. A adaptação contínua e o uso eficaz dessas tecnologias podem transformar significativamente o processo de desenvolvimento de software, levando a resultados mais rápidos e de alta qualidade.

Agradecimento

Gostaria de expressar minha sincera gratidão a você, caro leitor, por dedicar seu tempo e atenção a este livro. Seu interesse e dedicação ao tema da Inteligência Artificial e seu impacto no desenvolvimento de software são verdadeiramente apreciados. É através do engajamento e aprendizado contínuo de profissionais como você que a inovação tecnológica prospera e se expande.

Espero que as informações e insights apresentados aqui tenham sido úteis e inspiradores, fornecendo ferramentas e conhecimentos valiosos para aplicar a IA em seus projetos de desenvolvimento de software. Acredite no poder da IA para transformar processos, otimizar esforços e gerar resultados excepcionais.

Agradeço também à equipe e colaboradores que tornaram este livro possível, contribuindo com suas experiências e conhecimentos. Este trabalho é um reflexo do esforço conjunto e da paixão por explorar as fronteiras da tecnologia.

Se tiver qualquer dúvida, comentário ou apenas desejar compartilhar suas experiências, sinta-se à vontade para entrar em contato comigo. Estou sempre disponível para conversar e trocar ideias sobre como podemos continuar a impulsionar a inovação no desenvolvimento de software.

Muito obrigado!

Atenciosamente,

Marcos Paes Marques Junior
Solutions Architect Cloud Native – CEO/CTO
LinkedIn
+55(14)99697-1616
marcos.paes@mdsistemasesolucoes.com.br
marcosdrjr@hotmail.com

CEO/CTO

MD Sistemas e Soluções